SI DIOS ES BUENO, ¿POR QUÉ EXISTE EL MAL?

NATHAN DÍAZ

LECTURA
FÁCIL

SI DIOS ES BUENO, ¿POR QUÉ EXISTE EL MAL?

ESPAÑOL
NASHVILLE, TN

NATHAN DÍAZ

Si Dios es bueno, ¿por qué existe el mal?

B&H Publishing Group
Nashville, TN 37234

Diseño de portada: Matt Lehman

Director editorial: Giancarlo Montemayor
Editor de proyectos: Joel Rosario
Coordinadora de proyectos: Cristina O'Shee

Clasificación Decimal Dewey: 231.8
Clasifíquese: DIOS / EL BIEN Y EL MAL / PROVIDENCIA
Y GOBIERNO DE DIOS

ISBN: 978-1-0877-7021-5

Impreso en EE. UU.
1 2 3 4 5 * 26 25 24 23

Para mis hijos Ian, Cael y Evan,
que las tribulaciones y el mal de este mundo
siempre profundicen su dependencia de Cristo.

ÍNDICE

Prefacio a la serie

Leer no tiene por qué ser difícil, ni mucho menos aburrido. El libro que tienes en tus manos pertenece a una serie de *Lectura fácil*, la cual tiene el propósito de presentar títulos cortos, sencillos, pero con aplicación profunda al corazón. La serie *Lectura fácil* te introduce en temas a los que todo ser humano se enfrenta en la vida: gozo, pérdidas, fe, ansiedad, dolor, oración y muchos más.

Este libro lo puedes leer en unas cuantas horas, entre descansos en tu trabajo, mientras el bebé toma su siesta vespertina o en la sala de espera. Este libro te abre las puertas al mundo infinito de la literatura, y más aún, a temas de los cuales Dios ha escrito ya en Su infinita sabiduría. Los autores de estos libros te apuntarán hacia la fuente de toda sabiduría: la Palabra de Dios.

Mi oración es que este pequeño libro haga un gran cambio en tu vida y que puedas regalarlo a otros que van por tu misma senda.

Gracia y paz,

Giancarlo Montemayor
Director editorial, Broadman & Holman

Introducción

Solo basta con ver las noticias de los últimos días para darte cuenta de que las cosas no funcionan como deberían y como quisiéramos. Dos mujeres jóvenes discuten con otro joven invitado a la fiesta pidiéndole que no maneje en estado de ebriedad, y por su enojo en el momento, decide atropellarlas con su carro y arrastra a una de ellas debajo del carro por dos cuadras. Esa joven pierde la vida después de varias semanas en el hospital. Un edificio de departamentos colapsa una madrugada en Miami, matando a cientos de residentes mientras dormían. Ciudades en Alemania se inundan y miles pierden sus casas, cientos mueren ahogados. Colombia, Cuba y Sudáfrica han experimentado protestas contra el gobierno que han terminado en violencia y en muertes.

Este es solo el resumen de algunas cosas que he visto en las noticias en las últimas semanas antes de comenzar a escribir este capítulo. Si quisiera regresarme a hacer un recuento del 2020, podría escribir varios libros. Entiendes mi punto. Estamos rodeados del mal todos los días. Sufrir las consecuencias del mal es inevitable y queremos que alguien sea responsable, o por lo menos queremos tener alguna explicación que tenga sentido.

La pregunta más común que nos podríamos hacer es *¿dónde está Dios?* ¿Qué está haciendo sobre todas estas cosas? De acuerdo con las realidades del mundo que nos rodea, es más fácil adoptar el deísmo, que afirma que Dios creó todas las cosas, pero no interviene en los asuntos del hombre. Nos ha dejado a nuestro propio destino. También sería más fácil pensar que no hay ningún Dios detrás de este universo y que todo es el resultado de accidentes naturales sin ningún Originador, Causa, o Diseñador eterno.

La Biblia nos habla sobre un Dios que hizo todas las cosas, que es bueno y que también es soberano. Pero ese mismo Dios puso un árbol en medio de la creación original para probar a los primeros seres humanos, sabiendo que fallarían. Es un Dios que ordenó a Su pueblo exterminar naciones, junto con mujeres, niños y animales. Y finalmente, es un Dios que dice que si rechazamos Su oferta de salvación, seremos condenados eternamente a un lago de fuego.

Para la mayoría de los escépticos, esta es su principal objeción al cristianismo. Muchos han decidido rechazar por completo al Dios de la Biblia, o crear un nuevo dios que cumpla con las características que desean que tenga. Si alguna de estas categorías te describe, este libro es para ti. Es importante que los que hemos creído firmemente y puesto toda nuestra esperanza en el Dios de la Biblia, tengamos una conversación honesta en torno a las preguntas difíciles que todos debemos responder. Abordaremos ahora esas preguntas.

Capítulo I

Si Dios creó todo,
¿creó también el mal?

EL ORIGEN DE TODO

¿De dónde vienen todas las cosas? Nuestra experiencia en esta vida y en todas las cosas que nos rodean es que todo tiene un principio. Cada uno de nosotros fuimos concebidos en un momento exacto de la historia. La pregunta de origen es tanto científica como filosófica. ¿Qué originó la materia, el tiempo y el espacio? Puede ser que las tres sean realidades eternas. Podría ser que la causa final de todo termine allí. Pero en realidad es imposible, e inclusive irracional. La razón es simple. La materia, el tiempo y el espacio no tienen vida en sí mismos, no tienen personalidad y no tienen voluntad propia. Eso haría que nosotros fuéramos superiores a la misma causa de nuestra existencia. Sin voluntad y orden previos, la materia no puede hacer nada. Sin leyes previas que puedan darle dirección al tiempo y al espacio no hay poder creativo. Es decir, tiene que haber algo o alguien más poderoso y con más autoridad que la misma esencia del universo y de la vida.

La ley de la causalidad establece que cualquiera que sea nuestra causa final, tiene que contener los mismos elementos de lo creado para poder causarlos. Voluntad, inteligencia, sentimientos, personalidad son algunas de las características que tendrían que existir en un Ser supremo del cual surge la vida. Especialmente la vida humana. Pensar que el poder creador y creativo puede surgir de la materia desordenada y muerta es simplemente contrario a las evidencias y a la ciencia.

El orden y el diseño desde las órbitas de los planetas en las diferentes galaxias, hasta los organismos unicelulares y las reacciones a nivel atómico de la física cuántica nos muestra que hay un Diseñador y un propósito más profundo para todo lo que nos rodea.

A pesar de todo el orden y complejidad que hacen posibles la vida en la tierra, también tenemos muchas cosas que no funcionan como deberían. Existen males naturales: huracanes, terremotos, cáncer, derrames cerebrales, dolor y muerte en general. También existen males morales: asesinatos, violaciones, racismo y toda clase de injusticias en la sociedad. Muchas de las leyes de un país están diseñadas para contener y limitar esta clase de mal. Por último, aunque muchos puedan ser escépticos o dudar sobre esta realidad, existen males sobrenaturales de los que habla la Biblia: Satanás y huestes de demonios. Estas fuerzas espirituales se oponen a Dios y a Sus planes. Tienen poder y tienen influencia en este mundo.

Una de la preguntas filosóficas más difíciles es: ¿De dónde vienen realmente todas estas categorías del mal? ¿Cuál es su origen? Si Dios creó todo, ¿creó también el mal? Uno de los maestros que me ayudó a entender la respuesta a esta pregunta fue el Dr. R. C. Sproul. En la Biblia encontramos que el pecado no proviene de Dios y que el mal no es creado por Él. Para poder entender cómo es que existe el mal debemos tener una definición más clara de qué es el mal.

El mal o el pecado es cuando hay menos que perfección. Es cuando existe alguna falla porque se ha quebrantado algo perfecto. Dios es inmutable. Él no puede cambiar. Pero Su creación fue hecha mutable. Esto significa que puede comenzar en un estado de perfección con la posibilidad de perderla. Pero el mal o el pecado que invade la creación no es la adición de algo nuevo, sino el haber perdido algo que antes poseía. Por lo tanto, el mal no tiene que ser creado por Dios para existir. Él solo hizo una creación perfecta con la capacidad de no ser perfecta. Dios no creó el pecado, sino una humanidad con la capacidad de pecar.

La mejor analogía sobre el mal la encontramos en la misma Biblia. Nuestro estado caído, y el de la creación se describe como «tinieblas».

> En el principio ya existía el Verbo, y el Verbo estaba con Dios, y el Verbo era Dios. Él estaba en el principio con Dios. Todas las cosas fueron hechas por medio de Él, y sin Él nada de lo que ha sido hecho, fue hecho. En Él estaba la vida, y la vida era la Luz de los hombres. La Luz brilla en las tinieblas, y las tinieblas no la comprendieron.
> Juan 1:1-5

> Y este es el mensaje que hemos oído de Él y que les anunciamos: Dios es Luz, y en Él no hay ninguna tiniebla. Si decimos que tenemos comunión con Él, pero andamos en tinieblas, mentimos y no practicamos la verdad. Pero si andamos en la Luz, como Él está en la Luz, tenemos comunión los unos con los otros, y la sangre de Jesús Su Hijo nos limpia de todo pecado.
> 1 Juan 1:5-7

En ambos pasajes, así como en muchos otros, la santidad de Dios y la ausencia de pecado en Él se describen como «luz». La presencia y naturaleza de pecado en la humanidad se describen como «tinieblas» u «oscuridad».

Pero ¿qué es la oscuridad? ¿Es realmente algo que tenemos que generar como una entidad o ser independiente? ¿O es la ausencia de luz? Para generar oscuridad, lo único que tenemos que hacer es quitar luz. Así es la maldad. El pecado es la ausencia de perfección. Por lo tanto, Dios no tiene que crear nada adicional para que exista. Lo único que tiene que crear en un ser mutable, con la capacidad de tener menos que perfección.

Y en ese sentido, el mal y el pecado no pueden existir sin seres mutables. Porque el pecado y el mal no son seres. Dependen de seres para existir. Es decir, son parte de la misma naturaleza de aquellos que pierden el estado de perfección. La única razón por la que existe el mal es porque existimos nosotros. Nosotros generamos la realidad del pecado y la maldad.

Esta es la base para responder a nuestra pregunta. ¿Creó Dios el mal? No. Solo creó seres, y una creación con la capacidad de perder su perfección. Al romper la ley moral de Dios, nosotros traemos una nueva realidad a nuestra naturaleza. Dios solo gobierna, dirige y controla la extensión de lo que esa realidad puede hacer y dañar.

Capítulo 2

¿Puede Dios ser todopoderoso y completamente bondadoso?

Una vez que hemos establecido el principio de que Dios no es el autor del mal, pero sí tiene un control soberano sobre el mal, tenemos que preguntarnos: *¿Por qué lo permite?*

¿Por qué deja que terremotos y huracanes maten a miles de personas todos los años? ¿Por qué no detiene al lunático que dispara desde la ventana de su hotel a cientos de personas que disfrutaban de un concierto tranquilamente? ¿Por qué no quita el cáncer de cientos de miles de pacientes que sufren mucho en sus últimos meses de vida?

Estas preguntas nos confrontan con dos atributos de Dios que nos muestra la Biblia: Dios es todopoderoso y Dios es completamente bondadoso. Pero estos dos atributos parecen ser incompatibles con la realidad del mal que nos rodea. Quizás Dios es bueno, pero no todopoderoso. Es decir, Él quisiera terminar con el mal, pero no puede. O la otra opción sería que Dios es todopoderoso, pero no es bueno. Es decir, puede terminar con todo el mal, pero no es tan bueno como creemos y por lo tanto no lo hace. Parece haber algo de sadismo en Dios.

Analicemos si estas dos características están en la Biblia.

¿Realmente describe la Biblia a Dios como todopoderoso?

Aquí hay algunas pistas:

> Si se toca la trompeta en la ciudad, ¿no temblará el pueblo? Si sucede una calamidad en la ciudad, ¿no la ha causado el Señor?
> Amós 3:6

> Todos los habitantes de la tierra son considerados como nada, mas Él actúa conforme a Su voluntad en el ejército del cielo y entre los habitantes de la tierra. Nadie puede detener Su mano, ni decirle: «¿Qué has hecho?».
> Daniel 4:35

> Tuya es, oh Señor, la grandeza y el poder y la gloria y la victoria y la majestad, en verdad, todo lo que hay en los cielos y en la tierra; Tuyo es el dominio, oh Señor, y te exaltas como soberano sobre todo. De Ti proceden la riqueza y el honor; Tú reinas sobre todo y en Tu mano están el poder y la fortaleza, y en Tu mano está engrandecer y fortalecer a todos.
> 1 Crónicas 29:11-12

> Vean ahora que Yo, Yo soy el Señor, Y fuera de Mí no hay dios. Yo hago morir y hago vivir. Yo

hiero y Yo sano, Y no hay quien pueda librar
de Mi mano.
Deuteronomio 32:39

Y el Señor le dijo: «¿Quién ha hecho la boca
del hombre? ¿O quién hace al hombre mudo o
sordo, con vista o ciego? ¿No soy Yo, el Señor?».
Éxodo 4:11

Y llamó al hambre sobre la tierra; quebró todo
sustento de pan.
Salmo 105:16

Al principio de habitar ellos allí, no temieron al
Señor, así que el Señor envió leones entre ellos
que mataron a muchos de ellos.
2 Reyes 17:25

¿Quién es aquel que habla y así sucede, a menos
que el Señor lo haya ordenado? ¿No salen de la
boca del Altísimo tanto el mal como el bien?
Lamentaciones 3:37-38

Pero Él es único, ¿y quién lo hará cambiar? Lo
que desea Su alma, eso hace. Porque Él hace
lo que está determinado para mí, y muchos
decretos como estos hay con Él.
Job 23:13-14

Y el mal más grande de todos y la injusticia más alta
fue ordenada y planeada por Dios como un evento que
nunca se salió de Su control:

Hombres de Israel, escuchen estas palabras:
Jesús el Nazareno, varón confirmado por Dios

entre ustedes con milagros, prodigios y señales
que Dios hizo en medio de ustedes a través de
Él, tal como ustedes mismos saben. Este fue
entregado por el plan predeterminado y el pre-
vio conocimiento de Dios, y ustedes lo clavaron
en una cruz por manos de impíos y lo mataron.
Hechos 2:22-23

La Biblia confirma que Dios es todopoderoso y
soberano.

¿Describe la Biblia a Dios como completamente bondadoso?

Ya vimos los fundamentos para entender que Dios es
bueno y santo en el capítulo anterior, pero aquí hay unos
pasajes más que nos muestran esta verdad.

Porque yo proclamo el nombre del Señor; atri-
buyan grandeza a nuestro Dios. ¡La Roca! Su
obra es perfecta, porque todos Sus caminos son
justos; Dios de fidelidad y sin injusticia, justo
y recto es Él.
Deuteronomio 32:3-4

Muy limpios son Tus ojos para mirar el mal, y
no puedes contemplar la opresión...
Habacuc 1:13a

Jesús confrontó al hombre rico sobre las implicacio-
nes de Su deidad al llamarlo «bueno»:

Jesús le respondió: «¿Por qué me llamas bueno?
Nadie es bueno, sino solo uno, Dios».
Marcos 10:18

Y el autor de Hebreos confirma esta verdad:

> Porque no tenemos un Sumo Sacerdote que no pueda compadecerse de nuestras flaquezas, sino Uno que ha sido tentado en todo como nosotros, pero sin pecado.
>
> Hebreos 4:15

Así que queda claro que Dios —el Dios de la Biblia— es un Dios todopoderoso y completamente bondadoso (omnipotente y omnibenevolente).

¿Coincide la realidad que nos rodea de un mundo lleno de mal y sufrimiento con este Dios? ¿Son compatibles?

La primera respuesta que podemos dar tiene que confrontar nuestra limitada definición de lo que es bueno. ¿Sería posible que mi definición de lo que es bueno no esté alineada con lo que realmente es bueno?

Todos los que tenemos hijos entendemos por qué es importante establecer definiciones de lo que es bueno. Cuando mis hijos eran pequeños, siempre que entrábamos a una tienda con un departamento de juguetería, me pedían que les comprara algo. Para ellos, esa era la definición de lo que es bueno. Pensaban que su papá era bueno si les compraba lo que ellos querían. Pero desde mi perspectiva, con muchos más años y madurez, realmente no comprarles todo lo que quieren es bueno. A ellos puede no gustarle ir a la escuela, lavarse los dientes, dormirse temprano, comer verduras o ayudar a lavar platos. Sin embargo, todos sabemos que el que algo nos guste no significa necesariamente que sea bueno.

Tenemos que elevar este mismo concepto multiplicándolo exponencialmente cuando pensamos en Dios. El Creador del universo supera nuestro conocimiento del bien mucho más de lo que nuestro conocimiento supera al de nuestros hijos.

Tenemos que por lo menos admitir que si el Dios de la Biblia es el verdadero Dios, puede existir una realidad objetiva del bien que nosotros no alcanzamos a entender que explica por qué permite que exista el mal y se manifieste como lo vemos en nuestro mundo y en nuestras vidas.

A continuación quiero dar cinco razones bíblicas por las que Dios permite que exista el mal.

1. Dios quiere que exista el mal

Primero tengo que establecer esto claramente porque me parece que muchos han dado respuestas que intentan defender a Dios, a un dios que queremos tener, pero que no es el Dios de la Biblia. Algunos primeramente apelan al libre albedrío y a la responsabilidad humana como la razón por la que existe el mal en el mundo. Y aunque eso es cierto, no es la historia completa. Nuevamente, si Dios es todopoderoso, Él podría haber destruido a la humanidad en su pecado hace mucho tiempo. Él no tenía que poner un árbol del que no podían comer Adán y Eva en el huerto. Él no tenía que haber permitido que Satanás siguiera existiendo después de su rebelión en el cielo. Tampoco tenía que permitir que Satanás entrara al Edén en forma de serpiente para tener una conversación con Eva que pondría en duda la ley moral de Dios. Pero el Dios de la Biblia es omnisciente. Él ya sabía lo que sucedería antes de comenzar la creación del mundo y del hombre.

Es verdad que el hombre es responsable por sus acciones y por el pecado, como vimos en el capítulo anterior. Pero Dios permitió y decretó un mundo donde eso no solo sería posible, sino sería seguro.

Además del mal moral que existe en este mundo, también existe el mal natural. Vivimos en una creación bajo la maldición divina en la que hay terremotos y cáncer. Cuando vemos estos tipos de males, es difícil poder decir «el libre albedrío es la razón final y absoluta de todo el mal en el mundo». ¿Cómo es que mis decisiones hacen que haya un tsunami en Indonesia? Parece haber algo más que solo decisiones individuales detrás de las catástrofes naturales que suceden todos los días o detrás de los miles de diagnósticos de cáncer terminal. Si Dios es todopoderoso, Él puede detener lo que quiera detener, y como ya hemos visto, ese es el Dios de la Biblia.

Esto nos lleva a la inevitable conclusión: el mal existe porque Dios quiere que exista.

2. El atributo de justicia y santidad de Dios

Alcen los ojos a los cielos, y miren la tierra abajo. Porque los cielos como humo se desvanecerán, y la tierra como un vestido se gastará. Sus habitantes como mosquitos morirán, pero Mi salvación será para siempre, y Mi justicia no disminuirá.
Isaías 51:6

Pero si nuestra injusticia hace resaltar la justicia de Dios, ¿qué diremos? ¿Acaso es injusto el Dios que expresa Su ira? Hablo en términos humanos.
Romanos 3:5

Debemos recordar que Dios no nos debe nada, sino simplemente darnos justicia perfecta. Si Dios nos debiera algo, Él no sería Dios. Al ser fuente y causa de todo, Él no necesita nada, ni puede deberle nada a nadie. Romanos 11:33-35 señala: «¡Oh, profundidad de las riquezas y de la sabiduría y del conocimiento de Dios! ¡Cuán insondables son Sus juicios e inescrutables Sus caminos! Pues, ¿quién ha conocido la mente del Señor? ¿O quién llego a ser Su consejero? ¿O quién le ha dado a Él primero para que se le tenga que recompensar?».

Merecemos condenación. Muchos experimentarán esta realidad y de esa manera mostrarán que Dios es justo. Pero en el momento que cuestionamos a Dios por mostrar Su justicia, nuestra definición de justicia está distorsionada. La justicia es un atributo glorioso de Dios, y es bueno que sea manifestado. Esta justicia se manifestará de manera final y absoluta cuando Jesús regrese nuevamente como juez de las naciones. Todos seremos resucitados, ya sea para recompensa y vida eterna porque el justo juicio de Dios sobre nuestro pecado cayó sobre Jesús, o para castigo y condenación eterna para pagar nuestro pecado (Dan. 12:2; Juan 5:25-29; Apoc. 6:12-17; 19:1-2; 20:11-15). Ningún pecado pasará sin ser juzgado perfectamente. La justicia perfecta debe ser causa de gozo perfecto.

3. Dios quiere que veamos la gravedad del pecado

Algo que tiene que quedar claro es que, bíblicamente, lo que sea que Dios ha permitido que podamos experimentar como consecuencia del pecado en esta vida solo es una pequeña parte de lo que el pecado realmente causa. Existen restricciones sobre qué tanto se manifiesta la corrupción de la creación a causa del pecado.

Podría haber terremotos, tsunamis, huracanes, tornados e inundaciones que ya hubieran terminado con la vida sobre la tierra. El diluvio de Génesis 6 fue el juicio de Dios al permitir que los desastres de una creación caída se desataran para desbordarse en una inundación global. Dios solo permite algunas muestras pequeñas de una creación bajo maldición (Rom. 8:20-22).

También lo que experimentamos como sociedad en el crimen, que está restringido por las leyes y los gobiernos de cada país que Dios mismo estableció, por muy corruptos que puedan ser, es mejor que la maldad del ser humano que sale en medio de la anarquía total (Rom. 13:1-7). De la misma manera, nuestras conciencias, dadas por Dios, aunque pueden ser silenciadas, en general refrenan la expresión del mal en nuestros corazones (Rom. 2:14-16). Dios no nos permite ser tan malos como podríamos ser, y cuando Él decide dejarnos librados a los deseos de nuestro corazón, el resultado solo es mayor depravación (Rom. 1:24-32).

Así que, estas muestras pequeñas de la consecuencia del pecado que sí experimentamos tienen un propósito bueno. Ese propósito es dejarnos ver que estamos en problemas. ¿Cómo podríamos comprobar que el pecado es algo malo si no pudiéramos ver algo de las cosas terribles que provoca?

¿Qué padre dudaría en darle una nalgada a su hijo para prevenirlo de cruzar una calle llena de autos que lo pudieran atropellar? El dolor físico de una nalgada no se compara al dolor de ser atropellado por un tráiler.

¿Cuál debe ser nuestra reacción ante la gravedad del pecado? Arrepentimiento. Lo cual nos lleva a la siguiente razón por la que Dios permite que exista el mal.

4. Dios quiere que aprendamos a depender de Él

Cuando le preguntaron a Jesús cuál era la causa de las tragedias, Él explicó de manera clara el propósito final que tienen en el plan de Dios.

> En esa misma ocasión había allí algunos que contaron a Jesús acerca de los galileos cuya sangre Pilato había mezclado con la de sus sacrificios. Él les respondió: «¿Piensan que estos galileos eran más pecadores que todos los demás galileos, porque sufrieron esto? Les digo que no; al contrario, si ustedes no se arrepienten, todos perecerán igualmente. ¿O piensan que aquellos dieciocho, sobre los que cayó la torre en Siloé y los mató, eran más deudores que todos los hombres que habitan en Jerusalén? Les digo que no; al contrario, si ustedes no se arrepienten, todos perecerán igualmente».
> Lucas 13:1-5

Aquí está la razón: arrepentimiento. Las tragedias no están diseñadas por Dios para ver el pecado de otros, sino para ver nuestro propio pecado. Es Dios diciéndonos: «Si todavía no has muerto, es porque tienes un día más de mi gracia para arrepentirte».

Pablo lo explica así:

> ¿Y piensas esto, oh hombre, tú que condenas a los que practican tales cosas y haces lo mismo, que escaparás del juicio de Dios? ¿O tienes en poco las riquezas de Su bondad y tolerancia y paciencia, ignorando que la bondad de Dios te guía al arrepentimiento?
> Romanos 2:3-4

¿Qué estás esperando? Si estás leyendo esto, significa que Dios te está dando una nueva oportunidad de venir a Él. La realidad de la gravedad del pecado no es el final de la historia. El final de la historia es que Dios ha hecho lo necesario a través del sacrificio perfecto de Su Hijo para que podamos acercarnos a Él. Voltea a verlo a Él. Es tu única esperanza frente a la realidad del pecado que hay en ti, que hay en otros y que ha traído una maldición sobre toda la creación. El pecado no tiene la última palabra. Hay esperanza en la dependencia absoluta (lo que la Biblia llama «fe») que podemos encontrar en la obra redentora de Cristo.

> Teniendo, pues, un gran Sumo Sacerdote que trascendió los cielos, Jesús, el Hijo de Dios, retengamos nuestra fe. Porque no tenemos un Sumo Sacerdote que no pueda compadecerse de nuestras flaquezas, sino Uno que ha sido tentado en todo como nosotros, pero sin pecado. Por tanto, acerquémonos con confianza al trono de la gracia para que recibamos

misericordia, y hallemos gracia para la ayuda
oportuna.
Hebreos 4:14-16

Para los que ya hemos experimentado esta gracia salvadora en nuestras vidas, ¿cómo nos sigue ayudando el mal que Dios permite para aprender dependencia de Él? La historia de Job en la Biblia nos ilustra claramente la soberanía de Dios sobre las tragedias que sucedieron en la vida de uno de sus hijos, un hombre de fe y justicia en Dios. Sin embargo, Dios le permitió a Satanás, como parte de Su plan, la muerte de sus hijos, la pérdida de sus posesiones y salud con un propósito bueno: conocer de una manera más profunda a su Salvador. Aprender dependencia de nuestro Creador al valorar más Su gloriosa superioridad y atributos siempre valdrá el sufrimiento. Así resume Job su experiencia:

> Yo sé que Tú puedes hacer todas las cosas, y que ninguno de Tus propósitos puede ser frustrado. «¿Quién es este que oculta el consejo sin entendimiento?». Por tanto, he declarado lo que no comprendía, Cosas demasiado maravillosas para mí, que yo no sabía. «Escucha ahora, y hablaré; Te preguntaré y Tú me instruirás». He sabido de Ti *solo* de oídas, Pero ahora mis ojos te ven. Por eso me retracto, Y me arrepiento en polvo y ceniza».
> Job 42:2-6

5. Dios quiere ser glorificado en el desarrollo de la historia de una humanidad caída

Esta es la razón más importante que debemos entender de por qué existe el mal. Al final no se trata de ti y no se trata de mí. Esto es muy difícil en entender y aceptar porque vivimos en una cultura que nos bombardea diariamente con mensajes de humanismo. Mensajes que nos dicen que somos lo máximo del universo. Pensamos que todo gira en torno a nosotros, pero el mensaje central de la Biblia es muy diferente: «Porque de Él, por Él y para Él son todas las cosas. A Él sea la gloria para siempre. Amén» (Rom. 11:36).

Por lo tanto, podemos concluir bíblicamente, que si Dios ha permitido que Satanás siga existiendo, que tengamos 6000 años de historia de generaciones que han pecado y se han rebelado contra Dios, que haya accidentes aéreos, inundaciones, asesinatos y COVID-19, es porque Él será más glorificado a través y al final de todo. Todas las razones que he dado en los puntos anteriores confluyen en este punto. La soberanía de Dios sobre el mal para que veamos la gravedad del pecado, aprendamos a depender de Él y sea manifestada Su justicia es para que Su gloria brille con más poder al mostrar Sus atributos y majestad en la historia.

¿Cuándo atesoramos y elevamos más el valor del agua? Después de una época de sequía. ¿Cuándo disfrutamos más la comida? Después de tener hambre. ¿Cuándo entendemos mejor lo hermoso y útil de la luz? Después de estar en oscuridad.

Aunque mi respuesta a una pregunta tan profunda e incomprensible sigue siendo limitada, creo que nos ayuda a tener una perspectiva más bíblica sobre las realidades de un Dios bueno, perfecto, santo y todopoderoso que creó un mundo que en el presente está lleno de injusticia, sufrimiento, destrucción y muerte. Hay una razón para esto, aunque no podamos entenderla completamente.

Capítulo 3

¿Cómo explicamos los genocidios en el Antiguo Testamento?

Una de las objeciones más comunes a la fe cristiana de parte del movimiento del nuevo ateísmo tiene que ver con la ética de Antiguo Testamento. Richard Dawkins en su libro *El espejismo de Dios* resume este sentir así:

> El Dios del Antiguo Testamento es, indiscutiblemente el personaje más desagradable de toda nuestra ficción; celoso y orgulloso de ello, injusto y controlador, enfermo, rencoroso, sediento de sangre étnica, misógino, homofóbico, racista, infanticida, genocida, filicida, pestilente, megalomaníaco, sadomasoquista, caprichoso, malevolente y abusador.[1]

Hay mucho que decir sobre este tema pero en este capítulo quiero resumir la respuesta en los siguientes cuatro puntos.

---

1. Dawkins, Richard, *El espejismo de Dios* (Ediciones Culturales Paidos S.A de C.V, 2022).

Dios siempre dio tiempo
para el arrepentimiento

Noé predicó arrepentimiento a sus contemporáneos durante 120 años antes del diluvio (Gén. 6:3; 7:6).

Pasaron 430 años desde que Dios le dijo Abraham sobre la maldad de los amorreos hasta el tiempo en el que Josué los conquistó (Gén. 15:16; Jos. 12). La conquista de Jericó fue la primera bajo el mando de Josué (Jos. 6), sin embargo debemos preguntarnos: ¿era cada vuelta que daba el pueblo de Israel a Jericó una oportunidad para que se rindieran y sometieran al único y verdadero Dios?

Dios soberanamente es quien determina el momento en el que la maldad de un pueblo o nación debe ser juzgada, como fue el caso de Sodoma y Gomorra, en los que no se encontraron ni diez justos (Gén. 18:32).

Leemos sobre las oportunidades que muchos pueblos tuvieron de hacer acuerdos de paz con Israel (Jos. 11:19).

La única razón por la cual hoy el juicio de Dios no ha sido final sobre individuos y naciones inicuos que merecen el juicio de Dios, es porque aún está guiándolos diariamente al arrepentimiento (Rom. 2:4).

Israel nunca exterminó
completamente a otra nación

Una de las claves para entender el alcance de cada conquista de Israel tiene que ver con el lenguaje bélico del medio oriente de la época. Por lo regular cada conquista se describía con el uso de una hipérbole. Por eso se habla de un exterminio total (hombres, mujeres, niños, animales). Es el equivalente a decir hoy, cuando un equipo de fútbol derrota a otro 7-0: «los aniquilaron». La misma Biblia nos muestra que el lenguaje que usa no es tan absoluto como parece. Por ejemplo, aunque en

Josué 10:40 se afirma: «la destrucción de todo lo que tenía vida, como Dios se lo había mandado», estas naciones siguen siendo mencionadas más adelante en Josué (23:7, 12-13), en Jueces (1:21, 28-28; 2:10-13), y nuevamente tenemos en 1 Samuel 15 la destrucción total de los amalecitas, aunque vuelven a aparecer en 1 Samuel 27:8 y 30:1.

Entonces, ¿qué sucedió realmente? La respuesta que muchos eruditos como Paul Copan dan, es que las ciudades que fueron conquistadas por Israel eran ciudades de liderazgo militar, religioso y político, no ciudades de poblaciones civiles en general.[2]

En la narrativa bíblica solo encontramos la destrucción total por fuego de tres ciudades por el pueblo de Israel: Jericó, Hai y Hazor (Jos. 6:24; 8:28; 11:13). La evidencia histórica y arqueológica apunta hacia un desplazamiento gradual de la mayoría de las ciudades, en donde la conquista representó no destrucción, sino dominio (Deut. 6:10-11).

La mayoría de las guerras de Israel fueron defensivas, aun durante el tiempo de Josué. Considerando la violenta realidad de la supervivencia de naciones en esa época, las experiencias y conquistas de Israel no son tan violentas y excesivas como las de la mayoría de las naciones que los rodeaban.

El juicio de Dios siempre
es contra el pecado

Ningún juicio de Dios en la Biblia se basó en la etnicidad, sino siempre fue debido al pecado. En Deuteronomio 9:4-6 leemos:

---

2. Para un estudio más detallado del lenguaje bélico en la Biblia, ver Paul Copan, *Is God a Moral Monster?: Making sense of the Old Testament God* (Grand Rapids: Baker Books, 2011).

> No digas en tu corazón cuando el Señor tu
> Dios los haya echado de delante de ti: «Por
> mi justicia el Señor me ha hecho entrar para
> poseer esta tierra», sino que es a causa de la mal-
> dad de estas naciones que el Señor las expulsa
> de delante de ti. No es por tu justicia ni por
> la rectitud de tu corazón que vas a poseer su
> tierra, sino que por la maldad de estas naciones
> el Señor tu Dios las expulsa de delante de ti,
> para confirmar el pacto que el Señor juró a
> tus padres Abraham, Isaac y Jacob. Comprende,
> pues, que no es por tu justicia que el Señor tu
> Dios te da esta buena tierra para poseerla, pues
> eres un pueblo de dura cerviz.

Cualquiera que ha leído el Antiguo Testamento sabe
que la gran mayoría está enfocado al juicio que Dios hace
contra Su propio pueblo.

Nadie puede acusar a Dios de xenofobia. Israel nunca
tuvo ventaja o tolerancia de parte de Dios por su pecado
solo por ser el pueblo escogido. El enfoque del juicio de
Dios siempre fue el pecado. Y parte de la razón por la
que muestra Su juicio es para mostrarnos qué tan grave
es el pecado. Nosotros tenemos la tendencia a minimizar
la gravedad del pecado y a buscar maximizar los atributos de amor y misericordia, sin darnos cuenta de que
sin el juicio y la ira de Dios, lo único que diluimos es
la razón por la que el evangelio es buenas noticias. La
razón por la que una cura para el cáncer o el SIDA es tan
anhelada es precisamente porque entendemos los efectos
devastadores de estas enfermedades. Cuando tenemos
oportunidad de ver de una manera real lo grave de una
situación, comenzamos a ver lo glorioso de la solución.

Además, si nosotros tuviéramos la oportunidad de
ser testigos del nivel de maldad de las naciones cananeas,
tendríamos una perspectiva diferente sobre el juicio de

Dios. Hay algo dentro de todo ser humano que se goza en ver que el mal sea castigado y que la verdadera justicia prevalezca. Naciones que practicaban el sacrificio de bebés a sus dioses, orgías de bestialismo, incesto y homosexualismo como ofrendas de adoración y violencia desmedida, son las que fueron juzgadas severamente por Dios. Y Su juicio fue perfecto. Las deidades que crearon como Baal y Anath reflejaban los mismos placeres en los que la nación ahora encontraba su identidad y satisfacción: violencia y sexo.

El plan de Dios ha sido la redención de todas las naciones desde el principio

La ley mosaica siempre hizo provisión para los extranjeros que moraban con Israel y Dios mostró Su amor y misericordia al incluir a muchos de ellos (como Rahab y Rut) dentro de la genealogía del Mesías, participando así en el mismo plan redentor de Dios. El plan de Dios desde el principio siempre ha sido la redención de todas las naciones, no solo de una (Hech. 17:26-27; Apoc. 5:9; 7:9).

Aunque los genocidios en la Biblia sean difíciles de explicar, en la narrativa bíblica encontramos a un Dios que ama a Sus enemigos (Rom. 5:8-10) y que entregó a Su propio Hijo sometiéndolo a padecimiento (Isa. 53:10) para hacer posible la reconciliación y la paz (2 Cor. 5:18-19). También vemos a un Dios que hará una guerra final contra el mal (a una escala mucho mayor que cualquier batalla del Antiguo Testamento) para traer justicia y paz finales y permanentes (Apoc. 19:15; 20:9). Este será el tema del capítulo 6.

Así que, ¿cómo contestamos cuando alguien pregunta sobre los genocidios en la Biblia? Propongo que contestemos dando un panorama más completo:

El mensaje en toda la Biblia es la justicia de Dios en traer juicio contra el pecado, la paciencia de Dios en demorar el juicio, la misericordia de Dios en proveer perdón del juicio, la gracia de Dios en dar salvación del juicio a aquellos que merecen condenación y el amor de Dios demostrado en derramar el juicio sobre Su propio Hijo en lugar nuestro (Rom. 2:4-5; 3:23-26; 5:8-11).

Capítulo 4

¿Cómo leer los salmos imprecatorios?

Al continuar pensando sobre la realidad del mal, nos encontramos con partes de la Biblia que aparentemente están promoviendo la venganza y desean el mal para nuestros enemigos. En este capítulo reflexionaremos brevemente sobre los salmos imprecatorios. Estos salmos son oraciones que contienen «imprecaciones» o peticiones de maldición y juicio de Dios para con ciertas personas que han hecho mal.

Estos son algunos ejemplos:

> La afrenta ha quebrantado mi corazón, y estoy enfermo; esperé compasión, pero no la hubo; busqué consoladores, pero no los hallé. Y por comida me dieron hiel, y para mi sed me dieron a beber vinagre. Que la mesa delante de ellos se convierta en lazo, y cuando estén en paz, se vuelva una trampa. Núblense sus ojos para que no puedan ver, y haz que sus lomos tiemblen continuamente. Derrama sobre ellos Tu indignación, y que el ardor de Tu ira los alcance. Sea desolado su campamento, y nadie habite en sus

tiendas. Porque han perseguido al que ya Tú has herido, y cuentan del dolor de aquellos que Tú has traspasado. Añade iniquidad a su iniquidad, y que no entren en Tu justicia. Sean borrados del libro de la vida, y no sean inscritos con los justos.
Salmo 69:20-28

Recuerda, oh Señor, contra los hijos de Edom el día de Jerusalén, quienes dijeron: «Arrásenla, arrásenla hasta sus cimientos». Oh hija de Babilonia, la devastada, bienaventurado el que te devuelva el pago con que nos pagaste. Bienaventurado será el que tome y estrelle tus pequeños contra la peña.
Salmo 137:7-9

¿Es diferente la naturaleza y el mensaje de estos salmos a lo que dijo Jesús cuando enseñó que debemos amar a nuestros enemigos (Mat. 5:44; Luc. 10:27)?

¿Se equivocaron los autores de los salmos al escribir palabras que expresan una petición de venganza?

Lo primero que tenemos que establecer es que todos los salmos nos apuntan de alguna manera a Jesús. Cuando Jesús platicó con los dos discípulos camino a Emaús, Lucas describe así Su enseñanza:

Comenzando por Moisés y continuando con todos los profetas, les explicó lo referente a Él en todas las Escrituras.
Lucas 24:27

Esto significa que al leer la Biblia no debemos comenzar con la pregunta: «¿qué dice este pasaje sobre mí?», sino que debemos preguntar: «¿Qué me dice este pasaje sobre Jesús?». La Biblia sí nos está hablando a nosotros y nos dice mucho sobre quiénes somos. Pero es solo a la luz de

un entendimiento verdadero sobre el carácter y el plan de
Dios que podemos saber algo sobre nosotros mismos.

Primeramente, encontramos que los salmos en general encuentran su cumplimiento en las experiencias del
Mesías, Jesucristo.

Por ejemplo, desde la cruz Jesús citó varios Salmos
(31:5; 22:1; 69:21; 22:15; 22:31).

> Jesús citó los Salmos en Su muerte, no como
> alguna autoridad antigua que adaptó para Su
> propio uso, sino como Sus palabras —palabras
> del Ungido de Dios, lo cual realmente era—
> siendo el Hijo de David.[1]

También durante Su ministerio Jesús citó los Salmos. Estos son solo algunos ejemplos:

- Salmo 6:8 en Mateo 7:23
- Salmo 35:19 y 69:4 en Juan 15:25
- Salmo 118:26 en Mateo 21:13
- Salmo 41:9 en Juan 13:18
- Salmo 62:12 en Mateo 16:27

Y estos son solo algunos de los cientos de ejemplos
en los que los autores del Nuevo Testamento aplican los
Salmos a Jesús (ver 1 Ped. 1:10-12):

- Salmo 40:6-8 (LXX) en Hebreos 10:5
- Salmo 22:22 (LXX) en Hebreos 2:11-12
- Salmo 16:8-11 y 110:1 en Hechos 2:25-28 y 2:34-35
- Salmo 69:22-23 en Romanos 11:9-10
- Salmo 18:49 en Romanos 15:9

---

1. Adams, Jaime, *Salmos de guerra del Príncipe de Paz*
(POIEMA Publicaciones), p. 40.

Los salmos imprecatorios nos dicen algo principalmente sobre los enemigos de Dios, no sobre los nuestros. Esta es la razón por la que los apóstoles aplicaron los enemigos del salmista a Judas como enemigo de Cristo:

- Salmo 41:8-10 en Mateo 26:23-24
- Salmo 69, 109 en Hechos 1:18-19

Es solo en la medida en que nosotros estamos conectados con Dios que Sus enemigos se convierten en nuestros enemigos. No se trata de gente que simplemente nos ha ofendido a nosotros, sino gente que ha ofendido y se opone a Dios mismo.

> ¡Oh Dios, si Tú hicieras morir al impío! Por tanto, apártense de mí, hombres sanguinarios. Porque hablan contra Ti perversamente, y Tus enemigos toman Tu nombre en vano. ¿No odio a los que te aborrecen, Señor? ¿Y no me repugnan los que se levantan contra Ti? Los aborrezco con el más profundo odio; se han convertido en mis enemigos.
> Salmo 139:19-22

No es nuestro nombre lo que debe indignarnos cuando es calumniado, sino cuando el nombre de Dios es difamado y blasfemado. Y eso es lo que provoca la indignación de David. Es decir, no es venganza y celo egoísta de David lo que motiva su oración, sino el celo por la gloria y el nombre de Dios mismo.

> Porque el celo por Tu casa me ha consumido,
> y los insultos de los que te injurian han caído sobre mí.
> Salmo 69:9

Y justamente este mismo celo es el que los discípulos reconocieron que llevó a Jesús a echar del templo a los que tenían negocios ahí (Juan 2:17).

En su libro *Salmos de guerra del Príncipe de Paz* (el cual recomiendo para profundizar en el tema de los salmos imprecatorios), el Dr. Jaime Adams escribe:

> Como pastores, desde nuestros púlpitos debemos sostener con firmeza que solo el Santo Rey de Paz puede pedir que Dios destruya a Sus enemigos. Esto afirma la supremacía de Dios, quien coloca a «todos Sus enemigos bajo sus pies». ¡Qué diferencia ejerce sobre nuestra prédica saber que estos Salmos no son las oraciones emotivas de hombres rabiosos, sino los mismos gritos de guerra de nuestro Príncipe de Paz![2]

En segundo lugar, encontramos que los Salmos nunca promueven una venganza personal pecaminosa. El salmista siempre está pidiendo que Dios sea el que ejerza Su juicio y venganza perfecta. Irónicamente, el confiar en la justicia perfecta de Dios nos libera para poder mostrar amor y gracia hacia nuestros enemigos. Mira cómo lo expresa David:

> Oh Dios de mi alabanza, no calles. Porque contra mí han abierto su boca impía y engañosa; con lengua mentirosa han hablado contra mí. Me han rodeado también con palabras de odio, y sin causa han luchado contra mí. En pago de mi amor, obran como mis acusadores, pero yo oro. Así me han pagado mal por bien, y odio por mi amor. Pon a un impío sobre él, y que

---

2. *Ibid.*, p. 52.

> un acusador esté a su diestra. Cuando sea juz-
> gado, salga culpable, y su oración se convierta
> en pecado.
> Salmo 109:1-7

David había tratado a sus enemigos con amor y ellos
respondieron con odio. David simplemente declara que
este hecho solo incrementa el juicio de Dios sobre ellos.

Así que a lo largo de las Escrituras hay un balance
entre cómo amar a nuestros enemigos y al mismo tiempo
descansar en la justicia perfecta de Dios.

> Nunca paguen a nadie mal por mal. Respeten
> lo bueno delante de todos los hombres. Si es
> posible, en cuanto de ustedes dependa, estén
> en paz con todos los hombres. Amados, nunca
> tomen venganza ustedes mismos, sino den lugar
> a la ira de Dios, porque escrito está: «Mía es
> la venganza, Yo pagaré», dice el Señor. «Pero
> si tu enemigo tiene hambre, dale de comer;
> y si tiene sed, dale de beber, porque haciendo
> esto, carbones encendidos amontonarás sobre
> su cabeza». No seas vencido por el mal, sino
> vence el mal con el bien.
> Romanos 12:17-21

Nosotros tenemos toda la libertad para amar y para
hacer bien a los que nos tratan mal, justamente porque
Dios es el Juez perfecto y supremo. Tú no tienes que tratar de hacer justicia por tu propia mano porque puedes
confiar y descansar en la justicia perfecta de Dios.

Tomar la justicia en tus propias manos es incredulidad. Es no creer que Dios es realmente justo. Glori-
ficamos a Dios delante de un mundo impío cuando
descansamos en Él para juzgar toda injusticia cometida
contra nosotros.

Cuando amamos a nuestros enemigos, nuestro amor tiene dos posibles resultados: o se arrepentirán al ver nuestra respuesta a su odio, o incrementarán el juicio de Dios al responder a nuestro amor con aún más odio.

Si reaccionamos de una manera que no es normal en nuestra sociedad ante una injusticia, van a preguntarse por qué no queremos vengarnos, por qué tenemos paz cuando somos difamados y por qué podemos perdonar a nuestros ofensores. Esta será la oportunidad perfecta para mostrar el evangelio y el perdón de Cristo (1 Ped. 2:20-25).

Si Cristo soportó injusticia en Su propia vida, cuánto más nosotros debemos soportar y perdonar las ofensas que otros nos hacen (Rom. 15:3).

Esto establece un principio muy claro: alguien pagará por toda injusticia y pecado. Puede ser Jesús en Su sacrificio perfecto cuando pones tu fe en Él, acudiendo a Él en arrepentimiento y humillación, pidiéndole que sea Él tu justificación delante de Dios, o puedes ser tú el que trate de pagar por su propio pecado. La justicia perfecta demanda el pago perfecto y justo por cada transgresión de la ley. Eso significa que estamos en graves problemas si creemos que nuestros pecados son poco relevantes. Una ofensa, aunque parezca pequeña, contra un Dios infinitamente valioso y perfecto, merece un castigo proporcionalmente infinito y severo (hablaremos más sobre esto en el capítulo 5).

La justicia de Dios es perfecta. David reconoce que Él es culpable delante de Dios (Sal. 69:5), ¡lo cual es peligroso si estás pidiendo justicia! Así que pedimos justicia sobre el pecado, pero primero reconocemos que nuestra única esperanza es la misericordia y gracia de Dios sobre nuestro propio pecado. Nadie está en una posición de superioridad moral cuando se trata del favor de Dios. Todos merecemos ira y condenación, así que la solución para todos es la misma: rogar a Dios que Su ira contra nuestro pecado sea la ira que cayó sobre Su propio Hijo en la cruz. Que tu pecado sea sobre Él como sacrificio perfecto (Rom. 3:21-30).

Ahora anhela y pide a Dios que tus enemigos experimenten esa gracia. Pero si no se arrepienten, puedes descansar en la promesa de Dios: «Mía es la venganza. Yo pagaré» (Sal. 94:1).

Hay también un sentido histórico en el que se cumplen muchos de los salmos imprecatorios. Este sentido histórico normalmente es una afirmación previa de juicio proveniente de algún profeta.

Por ejemplo, el juicio sobre Edom se declaró en Abdías 11-21; Isaías 34:5-15; 63:1-4; Jeremías 49:7-22; Lamentaciones 4:21-22; Ezequiel 25:12-14; 35:1-15; 36:5; Joel 3:19 y Amós 1:11-12. El juicio sobre Babilonia se profetizó en Isaías 13:1–14:23; 21:1-17; 47:1-15; Jeremías 50:1–51:64 y Apocalipsis 18–19. Es decir, hay naciones como Edom y Babilonia que también representan a los enemigos de todos los tiempos que serán condenados por su incredulidad y rebeldía. Históricamente, Edom actuó descaradamente para aprovecharse de la desgracia de Judá. Ellos eran vecinos de Judá, y cuando Babilonia invadió Jerusalén se añadieron cobardemente detrás de otro ejército para invadir y llevarse el botín del pueblo de Dios. En el capítulo 6, veremos el cumplimiento en Apocalipsis del juicio sobre Edom y Babilonia como representantes de todas las naciones que son enemigas de Dios.

¿Está justificada la petición de venganza de parte de Dios en este caso? Sí. De una manera similar a la petición de venganza y juicio contra Satanás y las dos bestias en Apocalipsis. No pedimos su arrepentimiento, porque Dios mismo ya ha declarado su destino y juicio final. Pero para las situaciones que enfrentamos día a día podemos pedir por misericordia y compasión para arrepentimiento en la vida de nuestros enemigos y ofensores. Dios no ha revelado el destino final de nuestros enemigos personales todavía. Nuestra responsabilidad es pedir a Dios que se arrepientan y que puedan experimentar la misma gracia que nosotros hemos experimentado. Y si no se arrepienten, sabemos que Dios será perfectamente justo en Su juicio final sobre de cada pecador.

La justicia final de Dios es algo bueno. En Apocalipsis 6 encontramos este anhelo en los santos que ya están en la presencia de Dios:

> Cuando el Cordero abrió el quinto sello, vi debajo del altar las almas de los que habían sido muertos a causa de la palabra de Dios y del testimonio que habían mantenido. Clamaban a gran voz: «¿Hasta cuándo, oh Señor santo y verdadero, esperarás para juzgar y vengar nuestra sangre de los que moran en la tierra?». Y se les dio a cada uno de ellos una vestidura blanca, y se les dijo que descansaran un poco más de tiempo, hasta que se completara también el número de sus consiervos y de sus hermanos que habrían de ser muertos como ellos lo habían sido.
> Apocalipsis 6:9-11

Y cuando llega el momento del juicio final, hay gozo y adoración en el cielo:

> Después de esto oí como una gran voz de una gran multitud en el cielo, que decía: «¡Aleluya! La salvación y la gloria y el poder pertenecen a nuestro Dios, Porque Sus juicios son verdaderos y justos, Pues ha juzgado a la gran ramera Que corrompía la tierra con su inmoralidad, Y ha vengado la sangre de Sus siervos en ella». Y dijeron por segunda vez: «¡Aleluya! El humo de ella sube por los siglos de los siglos». Entonces los veinticuatro ancianos y los cuatro seres

vivientes se postraron y adoraron a Dios, que está sentado en el trono, y decían: «¡Amén! ¡Aleluya!». Y del trono salió una voz que decía: «Alaben ustedes a nuestro Dios, todos ustedes Sus siervos, Los que le temen, los pequeños y los grandes».
Apocalipsis 19:1-5

Veremos más sobre Apocalipsis en el capítulo 6.

Como resumen, el gran teólogo presbiteriano del siglo XIX, Robert L. Dabney, declaró:

> La retribución justa es una de las glorias del carácter divino. Si es correcto que Dios la quiera ejercer, entonces no puede estar equivocado Su pueblo al querer que Él la ejerza. Se podrá objetar que mientras Él reclama la retribución para Él mismo, se lo ha prohibido a ellos y por lo tanto les ha prohibido también cualquier satisfacción de ello. El hecho es verdad; la inferencia no sigue. En la medida en que la retribución causada por una criatura se prohíbe, también se prohíbe el deseo de su imposición por una criatura y el placer en ello; pero en la medida en que es impuesta justamente por Dios, tiene que ser correcto y debe ser por lo tanto, de Su mano, una fuente de satisfacción para los santos[3].

La Biblia es clara. El rechazo de Jesús y de Su obra por nosotros merece el juicio y la maldición de Dios.

---

3. Robert L. Dabney, *Discussions Evangelical and Theological* (Londres: El Estandarte de la Verdad, 1967), p. 715 citado en Salmos de Guerra p. 67-68.

De eso se tratan finalmente los salmos imprecatorios. Se tratan del juicio que viene para los que no se arrepienten de su rebeldía contra el Mesías, el descendiente y Dios de David. Todos merecemos la maldición de estos salmos, pero algunos hemos experimentado la gracia y fe que hacen que el Hijo de Dios cargue esa maldición en nuestro lugar (Gál. 3:13). Todos los que se opongan o distorsionen este glorioso mensaje de la cruz están bajo la maldición final de Dios (Gál. 1:8-9).

> ¿Cuánto mayor castigo piensan ustedes que merecerá el que ha pisoteado bajo sus pies al Hijo de Dios, y ha tenido por inmunda la sangre del pacto por la cual fue santificado, y ha ultrajado al Espíritu de gracia? Pues conocemos a Aquel que dijo: «Mía es la venganza, Yo pagaré». Y otra vez: «El Señor juzgará a Su pueblo». ¡Horrenda cosa es caer en las manos del Dios vivo!
> Hebreos 10:29-31

CONCLUSIÓN

Los salmos imprecatorios nos recuerdan que Dios es justo y vengador. Las malas noticias son que bajo Su justicia perfecta todos merecemos condenación. Las buenas noticias son que Su ira y maldición cayeron sobre Su propio Hijo para que los que pongamos nuestra fe en Él podamos ser reconciliados con nuestro Creador. Y cuando sufrimos injusticias en esta vida, descansamos no en lo que nosotros podemos hacer para vengar el pecado, sino en lo que Dios hará para manifestar Su justicia perfecta, de manera parcial en el presente (Rom. 13:1-5) y de manera completa en Su segunda venida (Apoc. 14:9-11;19:1-21; 20:9-10).

Capítulo 5

¿Por qué existe el infierno?

La doctrina del infierno es una doctrina que no solo incomoda y rechazan muchos escépticos del cristianismo, sino que también muchos cristianos han tratado de evadir o de suavizar al explicar esta realidad como algo no tan severo como la mayoría cree que es.

Una de las opciones que se ha tratado de proponer como explicación menos severa es que el infierno es una realidad temporal solamente y que al final no es realmente un castigo eterno, sino que termina en la inexistencia o la aniquilación del alma.

Ya sea que creas que el infierno es un mito o que no es tan grave como las descripciones de Dante lo muestran, el razonamiento probablemente es algo así: «Yo no puedo creer en un Dios que se goza en el sufrimiento de la gente que Él mismo creó. Mi Dios no es así».

Pero ¿qué dice la Biblia sobre la severidad y la duración del juicio del castigo que Dios ejecuta sobre los que mueren en sus pecados?

Su severidad

Si tu mano te es ocasión de pecar, córtala; te es mejor entrar en la vida manco, que teniendo las dos manos ir al infierno , al fuego que no se apaga.
Marcos 9:43

El Hijo del Hombre enviará a Sus ángeles, y recogerán de Su reino a todos los que son piedra de tropiezo y a los que hacen iniquidad; y los echarán en el horno de fuego; allí será el llanto y el crujir de dientes.
Mateo 13:41-42

Entonces los siguió otro ángel, el tercero, diciendo a gran voz: «Si alguien adora a la bestia y a su imagen, y recibe una marca en su frente o en su mano, él también beberá del vino del furor de Dios, que está preparado puro en la copa de Su ira. Será atormentado con fuego y azufre delante de los santos ángeles y en presencia del Cordero. El humo de su tormento asciende por los siglos de los siglos. No tienen reposo, ni de día ni de noche, los que adoran a la bestia y a su imagen, y cualquiera que reciba la marca de su nombre».
Apocalipsis 14:9-11

El mar entregó los muertos que estaban en él, y la Muerte y el Hades entregaron a los muertos que estaban en ellos. Y fueron juzgados, cada uno según sus obras. La Muerte y el Hades fueron arrojados al lago de fuego. Esta es la muerte segunda: el lago de fuego. Y el que no

se encontraba inscrito en el libro de la vida fue
arrojado al lago de fuego.
Apocalipsis 20:13-15

La pregunta sobre qué tan literales son las imágenes
del fuego y el sufrimiento siempre ha sido un tema de
debate. Aquí quiero argumentar que, de hecho, el fuego
no es un fuego literal. En primer lugar, porque seres sin
un cuerpo físico son atormentados, lo cual no es posible con fuego físico (Luc. 16:34; Jud. 6; Apoc. 20:9).
En segundo lugar porque el mismo lenguaje, que en
especial usa Jesús y Apocalipsis, tiene características
de lenguaje simbólico. Palabras como tormento, lloro,
crujir de dientes y humo son palabras que expresan la
agonía de esta vida.

No hay manera de expresar, con palabras que representan experiencias reales que ya hemos tenido en esta
vida, realidades después de la muerte y de la era venidera.

Esto no significa, sin embargo, que el lenguaje simbólico suaviza o minimiza las realidades a las que apunta,
sino todo lo contrario.

Juan Calvino declaró: «Pongamos a un lado las espe-
culaciones, por las que hombres necios se cansan sin propósito, y estemos satisfechos con creer que estas formas
de lenguaje muestran, en una manera acorde a nuestra
limitada capacidad, un tormento terrible, el cual ningún hombre puede ahora comprender, y ningún idioma
puede expresar».[1]

El sufrimiento de ser quemado con fuego en un
cuerpo literal es menor al sufrimiento del castigo
eterno del alma. Aunque sí habrá castigo sobre cuerpos

---

1. Calvino, Juan, *Commentary on a Harmony of the Evan-
gelists, Matthew, Mark, and Luke*, trad. William Pringle, 3 vols.
(Grand Rapids: Baker, 1979), 1:201.

resucitados (Apoc. 20:14-15), el verdadero sufrimiento consiste en la realidad de una separación permanente de la comunión con nuestro Creador. Fuimos hechos para Él y para disfrutarlo a Él, y la agonía de perder los regalos (la gracia común), como al Dador de esos regalos, será un castigo que no podemos imaginar con las experiencias de nuestra vida presente. No estamos hablando de una ausencia de la presencia de Dios, sino la presencia de Dios eterna para asegurarse de que el juicio y castigo son ejecutados perfectamente, mientras que la comunión de Su presencia está ausente (Apoc. 14:10). «Este sufrimiento sucederá desde el interior hacia afuera. No surgirá de que Dios hierva a pecadores en una olla o los gire en un horno para pollos, como se ve en caricaturas simples y vulgares. Más bien, sufrirán las consecuencias naturales de rechazar a Dios y Su bondad hacia ellos; experimentarán los dolores de completo abandono, remordimiento sin consuelo y los ilimitados tormentos de sus propias conciencias, que se quemarán para siempre pero nunca se consumirán. Tomarán esta copa completamente, experimentando dolor sin mitigación en cuerpo y espíritu».[2]

Como veremos a continuación, la duración de la paga de pecado es eterna para todos, pero la intensidad del sufrimiento y castigo será diferente de acuerdo con la justicia perfecta de Dios (Rom. 2:6; Apoc. 20:13). La intensidad del castigo será proporcional al nivel de revelación que fue rechazada y que causó la caída de otros (Mat. 10:15; Mar. 9:42; Heb. 6:4-5). Aunque el castigo sea en diferentes grados, ningún grado de castigo inferior debe ser consuelo para alguien. Desde el menor castigo hasta el mayor, será sufrimiento inimaginable.

---

2. Alan W. Gomes, *40 Questions About Heaven and Hell* (Grand Rapids: Kregel Academic, 2018), p. 287.

Su duración

Las expresiones que la Biblia usa para hablar de la duración del castigo de Dios son las mismas usadas para hablar de la duración de las recompensas de Dios.

> Y muchos de los que duermen en el polvo de la tierra despertarán, unos para la vida eterna, y otros para la ignominia, para el desprecio eterno.
> Daniel 12:2

La palabra usada por Daniel para describir duración sin límite es *olam*. Tanto la recompensa de los justos como la condenación de los impíos en la resurrección serán *olam* (eterna).

> Entonces dirá también a los de Su izquierda: «Apártense de Mí, malditos, al fuego eterno que ha sido preparado para el diablo y sus ángeles [...]. Estos irán al castigo eterno, pero los justos a la vida eterna».
> Mateo 25:41, 46

Jesús describe los paralelos entre «castigo eterno» (*kolasin aionion*) y «vida eterna» (*zoen aionion*). Ambos son descritos como realidades perpetuas, sin fin.

Jesús también citó a Isaías 66:24 para describir el infierno:

> Y si tu ojo te es ocasión de pecar, sácatelo; te es mejor entrar al reino de Dios con un solo ojo, que teniendo dos ojos ser echado al infierno, donde el gusano de ellos no muere, y el fuego no se apaga.
> Marcos 9:47-48

La segunda muerte, la muerte espiritual, no es una muerte en donde simplemente queda un cadáver que será consumido por gusanos, que después de un tiempo terminan de consumirlo, sino que consumirán un ser que nunca dejará de existir.

La idea propuesta por algunos teólogos llamada «aniquilacionismo», que establece que el alma y el ser simplemente son destruidos y dejan de existir, ya sea al momento de morir o después de un tiempo determinado al pagar sus pecados en esta vida, no encuentran sustento en lo que la Biblia enseña sobre el infierno. En primer lugar, Jesús, quien habló más del infierno que del cielo y lo hizo más que cualquier otro autor en la Biblia, dijo sobre Judas:

> El Hijo del Hombre se va, según está escrito de Él; pero ¡ay de aquel hombre por quien el Hijo del Hombre es entregado! Mejor le fuera a ese hombre no haber nacido.
> Mateo 26:24

Si el aniquilacionismo es verdad, lo que dijo Jesús sobre Judas no tiene sentido. «No haber nacido» es el equivalente de la inexistencia. Jesús está afirmando que la inexistencia es mejor que el destino de condenación y juicio eterno para Judas.

Por lo tanto, palabras como «destrucción», «ser cortado», «perecer», «castigo» y «tormento» describen un estado eterno, en donde todo gozo es destruido y donde la muerte representa separación de toda bendición del Creador.

La duración eterna del castigo también se debe a que todos los que están en el infierno no se arrepienten, sino siguen en su rebeldía contra Dios. Eso significa que la sentencia se sigue alargando para proveer castigo justo por la rebeldía.

Tanto la idea del purgatorio, como de aniquilación después de un tiempo determinado, suponen que el pecado es una deuda finita y capaz de ser pagada por el ser humano. Podrían decir: «Finalmente, las acciones de las personas tienen diferentes grados de maldad». Esto nos lleva a la siguiente pregunta.

Si alguien que es considerado una buena persona por la sociedad profesa otra religión fuera del cristianismo o es ateo, ¿es Dios injusto por condenarlo al infierno?

Para contestar esta pregunta correctamente primero tenemos que definir cuál es la naturaleza y esencia del pecado. Muchos creen que el pecado es principalmente lo que le haces a otro ser humano, pero la Biblia tiene otra definición. Mira lo que dice David después de haber cometido adulterio y asesinato:

> Contra Ti, contra Ti solo he pecado, y he hecho lo malo delante de Tus ojos, de manera que eres justo cuando hablas, y sin reproche cuando juzgas.
> Salmo 51:4

¿No pecó David contra Betsabé al cometer adulterio con ella? ¿Acaso no pecó David contra Urías y contra su familia al acostarse con su esposa y al enviarlo al frente de batalla para ser asesinado? David era consciente de eso, pero sabía que lo que le hacemos a Dios es mucho más grave que lo que les hacemos a otros seres humanos. No es lo mismo ofender a alguien que es igual a ti en esencia y valor que ofender al Creador del universo. La esencia y naturaleza del pecado radica en la ley y el valor de Dios, no del hombre. Nuestra responsabilidad de someternos a la ley de Dios está sujeta a nuestra misma naturaleza como creación. Él pone las reglas, no nosotros. Si al leer sobre nuestra responsabilidad de someternos a la ley de Dios sientes que es injusto y no puede ser cierto porque no tiene sentido para ti, acabas de probar la definición de pecado. Yo no tengo que convencerte de que el pecado es rebeldía contra Dios porque ya lo sabes. Sabes que quieres determinar tus propias reglas y no rendir cuentas a nadie. No nos gusta la idea de que un Dios Creador sea el que determine nuestro propósito, las reglas y nuestro destino. Allí está, eso es pecado. Y es la tragedia más severa y grave del universo, aunque no te guste o aunque no lo aceptes. El valor de Dios determina la severidad del castigo justo por ofenderlo.

Jonathan Edwards explicó la realidad de lo grave del pecado:

> Nuestra obligación de amar, honrar y obedecer a cualquier ser es en proporción a su valor, honor y autoridad. Por tanto, pecar contra Dios, siendo violación de infinitas obligaciones, debe ser un crimen infinitamente horrendo y merecedor de castigo infinito. Si hay cualquier mal en pecar contra Dios, es mal infinito.[3]

John Piper hace la misma observación:

> ... la intención de Dios en los infinitos horrores del infierno es que sean una demostración

---

3. Jonathan Edwards, «La justicia de Dios en la maldición de los pecadores» en *The Works of Jonathan Edwards*, vol. 1 (Edinbugo, Banner of Truth Trust, 1974), 669.

vívida del infinito valor de Su gloria, la cual ha sido despreciada por pecadores. La suposición bíblica de la justicia del infierno es el testimonio más claro de lo infinito del pecado al fallar en glorificar a Dios. Todos hemos fallado. Todas las naciones han fallado. Por lo tanto, el peso de culpa infinita descansa sobre cada cabeza humana por nuestro fracaso en deleitarnos en Dios más que lo que nos deleitamos en nuestra autosuficiencia.[4]

Una manera de entender la justicia de Dios en el castigo del infierno es nuestro propio sistema judicial. Todo gobierno basa su sistema penal en proporción al valor de los seres ofendidos. Todos hemos asesinado a un ser vivo. Yo soy culpable de matar varios cientos de arañas, mosquitos, hormigas, moscas y alacranes durante mi vida. Estoy seguro de que esos asesinatos nunca resultarán en consecuencias penales para mí. Sin embargo yo sé que si decidiera envenenar al perro de mi vecino probablemente me denunciaría ante las autoridades. Lo mismo sucedería con un gato o un caballo. Pero la más grave consecuencia la enfrentaría al asesinar a otro ser humano. Especialmente si es alguien con un puesto de importancia en la sociedad. Este es el punto: el problema no es el acto del asesinato. Eso no es lo que determina el castigo de la condena. El problema es el valor del ofendido. Entre más vale la vida de aquel contra quien peco, mayores son las consecuencias.

Aquí es donde el castigo eterno del infierno es congruente en la Biblia con lo que nos enseña sobre Dios. Dios es infinitamente valioso, ya que es el Creador, la causa y la razón final de todo lo que existe (Juan 1:3).

---

4. Piper, John, *Let the Nations be Glad!* (Baker Academic, 2010), p. 194.

Por lo tanto, cualquier ofensa contra este Dios, cualquier cosa que quebrante Su ley, es una ofensa infinitamente grave. El sufrimiento eterno del infierno es proporcional al valor eterno de la gloria de Dios. La única razón por la que pensamos que el castigo de sufrimiento eterno en el infierno es injusto es porque menospreciamos el valor de Dios. Y si tú menosprecias el valor de Dios, estás comprobando justamente que eres culpable del pecado más grave y común del que nos acusa la Biblia (Rom. 1:21). No habrá ninguna injusticia en el veredicto del juicio final de condenación eterna sobre una humanidad que se rebeló contra un Dios eternamente glorioso.

Entonces, ¿es injusto Dios por condenar a algunos eternamente al sufrimiento del infierno? De ninguna manera. De hecho, es exactamente lo contrario. Si no lo hiciera, sería un Dios injusto. Como ya vimos antes, aunque los grados de castigo serán diferentes en intensidad (Rom. 2:6), todos serán eternos. El infierno es una manifestación de Su justicia perfecta, la cual refleja Su eterno y glorioso valor como Dios.

¿Contradice el infierno la afirmación de que Dios es amor?

Como ya hemos visto en capítulos previos, a veces nuestras presuposiciones nos llevan a conclusiones erróneas. Así que un Dios bueno y todopoderoso también puede permitir un mundo con maldad sin contradecir Su naturaleza de bondad y omnipotencia. Pero la presuposición de que no hay manera de que un mundo de maldad pueda existir por una buena razón tiene que ser retada. De la misma manera, encontramos que la presuposición de que el amor y el odio no pueden coexistir también es falsa. Claramente la Biblia establece el odio que Dios tiene por el pecado. También establece el amor que Dios tiene para con Sus hijos. Aunque la frase

«Dios odia el pecado pero ama al pecador» puede ser engañosa si no se aclara bíblicamente, sí explica la realidad de que el odio y el amor se encuentran juntos en la manera en que Dios trata con nosotros. Nuestro pecado no es una entidad aislada a nuestra persona. Nuestra naturaleza es parte de quiénes somos. Por lo tanto Dios no puede odiar el pecado sin odiarnos a nosotros también. Pero las buenas noticias son que para salvarnos, el amor de Dios sobrepasó Su odio. Romanos 5:8 declara: «Pero Dios demuestra su amor para con nosotros, en que siendo aún pecadores, Cristo murió por nosotros».

En otras palabras, Dios demuestra Su amor así: aunque nos odió, nos amó aún más.

En la cruz, el odio de Dios contra nuestro pecado y Su amor fueron manifestados de la manera más explícita. Y la parte que tenemos que entender, es que entre más grande sea Su odio, más grande tiene que ser Su amor. Déjame ejemplificarlo. Si yo amo a mi hijo, voy a odiar todo lo que sea contrario a su bienestar. Para un padre o una madre no hay mayor agonía y sufrimiento que ver el dolor de su hijo. Ese dolor para nuestros hijos se convierte en algo que odiamos, que despierta sentimientos de ira y frustración. Si Dios nos ama tanto como dice que nos ama, tiene que odiar el pecado en un grado que tú y yo jamás hemos experimentado. Entre más Dios odia el pecado, más nos tiene que amar.

Dane Ortlund lo explica así:

> Cristo se enojó y aún se enoja porque Él es el Humano perfecto, que ama demasiado como para permanecer indiferente. Y esta ira justa refleja Su corazón, Su tierna compasión. Pero debido a que Su sentimiento más profundo es una tierna compasión, también es el más rápido en enojarse y sentir indignación con la mayor

ira, todo esto sin que el pecado contamine ese enojo.[5]

Más adelante Ortlund cita a B.B. Warfield:

Juan nos revela el corazón de Jesús mientras Él gana para nosotros la salvación. Jesús arremete a nuestro favor, no con indiferencia fría, sino con una ira ardiente contra el enemigo. No solo nos ha salvado de los males que nos oprimen; Él ha sentido nuestra opresión, y bajo el impulso de estos sentimientos ha forjado nuestra redención.[6]

Entonces el infierno termina siendo la expresión del amor de Dios. El amor que lo lleva a odiar el pecado de una manera que se expresa en juicio de condenación eterna. Pero aún más que ser una expresión de Su amor, es una expresión de Su santidad.

En su libro *La santidad de Dios*, R. C. Sproul escribe:

Solo una vez en la Sagrada Escritura se eleva un atributo de Dios al tercer grado. Solo una vez se menciona una característica de Dios tres veces seguidas. La Biblia dice que Dios es santo, santo, santo. No que Él es simplemente santo, ni tampoco santo, santo. Él es santo, santo, santo. La Biblia nunca dice que Dios es amor, amor, amor;

5. Dane Ortlund, *Manso y humilde: El corazón de Cristo para los pecadores y heridos* (Nashville, B&H Publishing Group, 2021), 112

6. Warfield, B. B., *The Person and Work of Christ* (Benediction Classics, 2015), p. 115.

o misericordia, misericordia, misericordia; o ira, ira, ira; o justicia, justicia, justicia. Dice que es santo, santo, santo, que toda la tierra está llena de Su gloria.[7]

¿Por qué es el infierno tan trágico y severo? Porque es una expresión de cuánto Dios odia el pecado. Y la razón por la que Dios odia tanto el pecado es porque ama Su santidad y ama a Su creación.

El infierno no es lo más trágico y lamentable de nuestro mundo. Rechazar el amor y la santidad de Dios es lo más trágico. Es como rechazar la adopción de un Padre que quiere amarnos y darnos todo lo que posee en su mansión llena de comida y calefacción, para seguir viviendo en la calle como huérfanos, buscando comida en los basureros y durmiendo expuestos al frío del invierno. Nuestro deseo más profundo es amar y ser amados. Dios te ama tanto que te está mostrando qué tan grave y peligroso es el pecado de una manera permanente en la realidad del infierno. Para los que hemos recibido el perdón de nuestros pecados inmerecidamente, por solo gracia y misericordia, el infierno es un recordatorio de cuánto nos ha amado Dios y cuánto vale el regalo de la salvación y vida eterna: el valor de Dios mismo en toda Su santidad.

7. Sproul, R. C., *La santidad de Dios* (Sanford: Ministerios Ligonier, 2022) p. 27.

Capítulo 6

La batalla entre el bien
y el mal en Apocalipsis

Toda buena historia tiene villanos y héroes. Desde cómics hasta novelas, queremos siempre leer historias que terminen con un final feliz. Todas estas historias, aunque sean ficticias, tienen alguna base en la vida real. Se basan en el conflicto que existe entre el bien y el mal, se basan en nuestro anhelo de ver que se haga justicia. Es un anhelo que Dios mismo ha puesto en la humanidad. Queremos justicia, pero ¿qué si esa justicia es contra nosotros? ¿Realmente queremos que el bien prevalezca? ¿De qué lado estamos? Queremos pensar que estamos del lado correcto, pero ¿cómo podemos saberlo?

LOS BUENOS Y LOS MALOS
EN LA VIDA REAL

La Biblia nos muestra que solo hay dos categorías de personas: los hijos de Dios, y los enemigos de Dios. Estas dos categorías son mostradas en Apocalipsis de muchas maneras. Los enemigos de Dios son los moradores de la tierra, los marcados con el número de la bestia y los que siguen la idolatría de la gran ramera. ¿Cómo sabes si perteneces a esta categoría? Si has vivido tu vida pensando que esencialmente eres una buena persona, que Dios te debe algo y no has reconocido que has pecado contra un Dios infinitamente santo y valioso, entonces eres enemigo de Dios. Si crees que este mundo material y esta vida es todo lo que hay, si el ser humano está al centro de todo y no tiene que rendir cuentas a un Creador, entonces eres enemigo de Dios. Si solo estás viviendo para ganar más dinero y para tener más cosas o si la vida solo se trata de cosas que son temporales y pasajeras como tu apariencia y salud, tus pasatiempos, tus amigos y familia, entonces eres enemigo de Dios.

Apocalipsis también describe una segunda categoría en la humanidad: los hijos de Dios.

Son llamados los santos, el templo, los dos testigos, los 144 000, la mujer en el desierto, la esposa y la ciudad celestial (Apoc. 4, 5, 7, 11, 12, 19, 21). Estos son aquellos que originalmente también eran enemigos de Dios pero fueron adoptados a la familia de Dios por medio de la fe (Rom. 5:10; 8:15). Son los que han visto el sacrificio de Jesús como el tesoro más grande que han descubierto (Mat. 13:44) y han venido delante de Dios pidiendo perdón en arrepentimiento (Isa. 1:18). El gozo de pertenecer a esta familia es el privilegio más grande y la razón por la que estamos dispuestos a morir por la convicción de que Cristo es el Señor (Apoc. 6:11; 12:11; 20:4).

Si anhelamos que Dios muestre Su justicia, más vale que estemos en la categoría de los salvos, de otra forma el juicio final será un momento de gran temor y castigo (Apoc. 6; 19; 20).

La batalla final:
El triunfo del bien sobre el mal

A diferencia de los conflictos entre héroes y villanos que leemos comúnmente, en donde ambos tienen un poder

similar y el bien triunfa a pesar de muchas veces estar
en desventaja, en la Biblia encontramos que el poder del
mal no tiene comparación con el poder del bien infinito,
el poder de Dios. Y Su poder triunfa de una manera
decisiva contra los poderes de un mundo que al final
de los tiempos será conformado por gobiernos guiados
por Satanás y las dos bestias. Estos gobiernos siempre
han existido, pero conforme nos acercamos a la segunda
venida de Cristo, la oposición al cristianismo será aún
mayor.

El capítulo final de la historia, la batalla final entre el
bien y el mal, ya ha sido escrito:

> El sexto ángel derramó su copa sobre el gran Río
> Éufrates; y sus aguas se secaron para que fuera
> preparado el camino para los reyes del oriente.
> Y vi salir de la boca del dragón, de la boca de
> la bestia, y de la boca del falso profeta, a tres
> espíritus inmundos semejantes a ranas. Pues
> son espíritus de demonios que hacen señales,
> los cuales van a los reyes de todo el mundo, a
> reunirlos para la batalla del gran día del Dios
> Todopoderoso. «¡Estén alerta! Vengo como
> ladrón. Bienaventurado el que vela y guarda
> sus ropas, no sea que ande desnudo y vean su
> vergüenza». Entonces los reunieron en el lugar
> que en hebreo se llama Armagedón.
> Apocalipsis 16:12-16

> Entonces vi a la bestia, a los reyes de la tierra y
> a sus ejércitos reunidos para hacer guerra con-
> tra Aquel que iba montado en el caballo blanco
> y contra Su ejército. Y la bestia fue apresada,
> junto con el falso profeta que hacía señales
> en su presencia, con las cuales engañaba a los
> que habían recibido la marca de la bestia y a

los que adoraban su imagen. Los dos fueron arrojados vivos al lago de fuego que arde con azufre. Los demás fueron muertos con la espada que salía de la boca de Aquel que montaba el caballo, y todas las aves se saciaron de sus carnes. Apocalipsis 19:19-21

Cuando los mil años se cumplan, Satanás será soltado de su prisión, y saldrá a engañar a las naciones que están en los cuatro extremos de la tierra, a Gog y a Magog, a fin de reunirlas para la batalla. El número de ellas es como la arena del mar. Y subieron sobre la anchura de la tierra, rodearon el campamento de los santos y la ciudad amada. Pero descendió fuego del cielo y los devoró. Y el diablo que los engañaba fue arrojado al lago de fuego y azufre, donde también están la bestia y el falso profeta. Y serán atormentados día y noche por los siglos de los siglos. Apocalipsis 20:7-10

Todos estos pasajes muestran que Dios siempre gana. El destino final y el juicio sobre todos los enemigos de Dios ya han sido establecidos. Y aunque por el momento parezca que las cosas están fuera de control y sin la dirección de un Dios soberano, el tiempo mostrará que todos los eventos en la vida de los cristianos apuntaban hacia algo mejor: «Y sabemos que para los que aman a Dios, todas las cosas cooperan para bien, esto es, para los que son llamados conforme a Su propósito» (Rom. 8:28).

En Hechos 12 leemos la historia de Herodes, un enemigo de Dios y de Su Iglesia. Al principio del capítulo, Jacobo es asesinado, Pedro es puesto en la cárcel y la iglesia ora por él sin saber lo que va a pasar. Un ángel saca a Pedro de la cárcel y después Herodes muere justo en la cúspide de su gloria delante de los hombres, comido por los gusanos. Cuando la iglesia parecía estar sin esperanza, cuando había temor en sus corazones por la amenaza de un mundo anticristiano, justo en el momento preciso, Dios intervino para mostrar Su justicia y vindicar a Su pueblo. John Stott lo expresa de esta manera: «El capítulo se inicia con la muerte de Jacobo, Pedro en la cárcel y Herodes triunfante; cierra con Herodes muerto, Pedro libre y la Palabra de Dios triunfando».[1]

Tanto Hechos 12 como Apocalipsis, que en este capítulo utilicé como ejemplos, así como todos los libros de la Biblia, nos llevan a la misma conclusión: el mundo está caído. Las cosas no funcionan como fueron creadas originalmente. Pero aunque Dios es un Dios justo que juzga el pecado y la injusticia, también es un Dios de misericordia y gracia que ha provisto esperanza. La esperanza está en Su Hijo, quien se convirtió en el vínculo perfecto entre una humanidad pecadora y un Dios santo. Aunque en el presente enfrentaremos toda clase de mal, sabemos que un día todas las cosas serán restauradas.

La ventaja que tienes al leer un libro es que siempre te puedes saltar al final para saber cómo termina la historia. Si quieres saber el final de la historia, también puedes hacer eso con la Biblia. Lee Apocalipsis y encuentra la victoria contundente y final de Dios sobre todas las injusticias y sobre todo mal jamás cometido en la historia de la humanidad. Y también mira el futuro que espera a todos los que encuentran el perdón y la esperanza en el sacrificio perfecto de Jesús:

Entonces oí una gran voz que decía desde el trono: «El tabernáculo de Dios está entre los

---

1. John Stott, *El mensaje de Hechos* (Buenos Aires, Certeza Unida, 2010), p. 250.

hombres, y Él habitará entre ellos y ellos serán Su pueblo, y Dios mismo estará entre ellos. Él enjugará toda lágrima de sus ojos, y ya no habrá muerte, ni habrá más duelo, ni clamor, ni dolor, porque las primeras cosas han pasado». El que está sentado en el trono dijo: «Yo hago nuevas todas las cosas». Y añadió: «Escribe, porque estas palabras son fieles y verdaderas». También me dijo: «Hecho está. Yo soy el Alfa y la Omega, el Principio y el Fin. Al que tiene sed, Yo le daré gratuitamente de la fuente del agua de la vida. El vencedor heredará estas cosas, y Yo seré su Dios y él será Mi hijo. Pero los cobardes, incrédulos, abominables, asesinos, inmorales, hechiceros, idólatras, y todos los mentirosos tendrán su herencia en el lago que arde con fuego y azufre, que es la muerte segunda».
Apocalipsis 21:3-8

¿Qué esperas para poner toda tu confianza y esperanza en lo que Jesús ya ha hecho por ti y te está ofreciendo hoy?

Capítulo 7

Testimonios personales de sufrimiento y esperanza en la vida cristiana

En este último capítulo quiero mencionar brevemente algunos ejemplos de misioneros y amigos que como cristianos han enfrentado el mal en sus vidas, y cómo la fe en la soberanía de Dios y la realidad de un corazón transformado por Su gracia hicieron toda la diferencia en la manera de procesar estas tragedias. Al final contaré mi propia historia. Espero que este capítulo te ayude a ver que todo lo que hemos desarrollado hasta ahora no es solo teórico e irrelevante. Lo que crees sobre el mal tiene consecuencias en esta vida y por toda la eternidad.

El mal de un mundo de pecado

Este es el testimonio de un pastor amigo mío, Emanuel Alfonzo.

En mayo de 2015, al lado de su esposa y de toda su familia, a la cual amaba como a la suya, les tocó vivir la peor situación que jamás pudiéramos imaginar. Como muchas otras familias en México cada día, fueron víctimas de una de las peores expresiones de la maldad del ser humano caído: el secuestro de uno de sus cuñados y el posterior asesinato de él y de su suegro, quien en su amor de padre y su comprensión del evangelio (lo que Dios hizo por él al enviar a Jesucristo para salvarlo de la muerte eterna), valientemente acudió a entregar el rescate monetario que estos criminales pedían.

Ochenta horas de terror, desde que todo comenzó hasta que los sepultaron, representaron para ellos los peores días de sus vidas y cada día que ha transcurrido hasta hoy ha sido de profunda tristeza y dolor.

Algunos versículos de Filipenses resonaban en su mente y en su espíritu trayendo, en medio del dolor y las lágrimas, una paz que sobrepasa, literalmente, todo entendimiento.

> Por nada estén afanosos; antes bien, en todo, mediante oración y súplica con acción de gracias, sean dadas a conocer sus peticiones delante de Dios. Y la paz de Dios, que sobrepasa todo entendimiento, guardará sus corazones y sus mentes en Cristo Jesús [...]. Lo que también han aprendido y recibido y oído y visto en mí, esto practiquen, y el Dios de paz estará con ustedes.
> Filipenses 4:6-7, 9

El breve funeral fue un evento de evangelismo y testimonio a la sociedad; el nombre de Cristo, la fuente de su esperanza, fue glorificado. Desde ese mismo día y hasta hoy mucha gente le pregunta a su suegra, a su esposa y a sus cuñados que sobreviven: «¿Cómo hacen para estar de pie? ¿Cómo tienen tanta paz? ¿Cómo un suceso como este no los destruyó por completo?». Y la respuesta es siempre la misma: *la paz que, en Su gracia, nos provee el Señor*. Paz que no proviene de un esfuerzo humano por mantener una calma efímera, sino que fluye naturalmente como una expresión del fruto del Espíritu Santo que opera en la vida del creyente cuya fe, total confianza y esperanza radican en Cristo y en Su obra redentora en la cruz del Calvario que nos garantiza la vida eterna en Su gloria.

En 1993, tres misioneros de *New Tribes Mission* fueron secuestrados en Colombia por terroristas. Durante ocho años sus familiares y amigos no sabían nada de ellos. Oraban y se preocupaban. Finalmente les informaron que los hombres estaban muertos. Dan Germann era el director de NTM en Colombia en ese tiempo. En una entrevista dijo que sus oraciones cambiaron en el transcurso de esos largos años de incertidumbre. Comenzaron orando que Dios trajera a esos hombres a casa a salvo. Terminaron orando: «Dios, aunque nunca sepamos lo que les sucedió, tú seguirás siendo Dios». Dan declaró: «Hay un sentido especial de asombro de quién es Dios y cuán suficiente es cuando el milagro no sucede, pero el asombro de Su suficiencia sigue presente».

EL MAL DE NUESTRO PROPIO PECADO

Otro amigo mío, unos meses después del comienzo de la pandemia, regresó a su casa después de un día de paseo familiar junto con su esposa y dos hijas para encontrar que su hijo de 21 años se había suicidado después de años de luchar con la depresión. Su lucha constante para encontrar consuelo en Dios y Su Palabra durante esos años les dio la esperanza de que a pesar de que su vida terminó en un momento de debilidad, él había conocido verdadera fe y santificación para vida eterna. En el funeral compartí sobre el ancla del alma que encontramos en las promesas de Dios (Heb. 6:17-20). La obra de Cristo representa que Él ha sufrido la tormenta para entrar a la presencia del Padre y arrojarnos un ancla que nos da estabilidad y esperanza real en las tribulaciones más difíciles de la vida, como la muerte de un hijo. Recuerdo la manera en que mi amigo nos dirigió a los asistentes del funeral en adoración a Dios. Sentado con una guitarra, cantando sobre lo increíble que es Dios junto a un ataúd. Esa es la realidad asombrosa de la vida cristiana ante el mal.

El mal de la enfermedad
en una creación caída

Mi querido y cercano amigo, Rodolfo Robles, acaba de perder a su mamá después de tres semanas de luchar por su vida como consecuencia de un derrame cerebral. Ana Aguirre sufrió el derrame al estar recibiendo a gente en su casa para un estudio bíblico. Su vida fue un ejemplo de amor, servicio y evangelismo.

***

Yo tuve el privilegio de crecer en un hogar cristiano, con un legado de servicio y amor al Señor y de matrimonios sólidos y ejemplares. Mis abuelos fueron misioneros en México por más de tres décadas y mis padres siempre sirvieron a Dios con los dones que tenían. Mi papá plantó una nueva iglesia y me animó a regresar a México en 2001 junto con mi esposa, que en ese tiempo no sabía nada de español, y ayudar con la iglesia en un rol pastoral. Yo solo tenía 24 años y no mucha experiencia, pero junto a mi papá y su ejemplo, comencé a aprender cómo entrenar nuevos líderes, a ver la iglesia crecer y a experimentar el gozo de servir juntos a Dios en medio de alegrías y tristezas.

El año 2018 fue el más difícil de mi vida (hasta ahora). Recuerdo muy bien una llamada de mi papá en enero en la que me dijo que él y mi mamá querían hablar conmigo. Es el tipo de llamada en la que sabes que algo está pasando. Cuando entré a la casa de mis papás y subí a su recámara, mis papás me dijeron llorando que acababan de descubrir que mi mamá tenía un tumor y no sabían todavía qué tan avanzado estaba ni qué tan maligno podría ser. Faltaban algunos estudios todavía pero recuerdo pensar que estaban exagerando un poco al actuar como si fuera algo grave al no tener todavía toda la información. Recuerdo que mi mamá me abrazó como si se estuviera despidiendo de mí. Yo siempre he tenido un carácter optimista, y en ese momento les dije que debíamos orar y no llegar a conclusiones prematuras sobre la gravedad de la situación. Cuando recibieron los resultados de estudios posteriores, efectivamente el diagnóstico fue que no era una situación tan grave. El doctor dijo que tenían que operar para quitar el tumor y ver a detalle qué tan rápido se podría recuperar mi mamá con diferentes tratamientos. Después de la operación, todos los doctores y todos los diagnósticos señalaban que se recuperaría pronto.

El 22 de febrero, solo dos semanas después de la operación de mi mamá, mi papá me llamó a las 5 a. m. para informarme que varios delincuentes se habían metido a robar, algo que nunca había sucedido en 30 años de vivir en esa casa. Habían amarrado a mi papá y a petición de él, no amarraron a mi mamá porque seguía débil por la operación. Una vez que ella pudo desamarrarlo después de que los ladrones salieron con las pocas cosas que encontraron de valor, nos llamaron para informarnos lo que había pasado.

Recuerdo el nudo que se me hizo en el estómago al pensar en el estado frágil de mi mamá y al sentir impotencia por no haber podido hacer más para evitar este suceso.

Al llegar a su casa para ver lo que había sucedido, estaba sorprendido por lo tranquilos que ambos estaban, a pesar de lo traumático que es ser amenazado con un arma y experimentar ser despojado de pertenencias personales.

Yo sentía estar más alterado y triste por la situación que ellos mismos. Ese mismo día llamé por teléfono a mis dos hermanas para informarles y recuerdo no poder contener mi tristeza en llanto al contarles lo que había sucedido.

Mi mamá mejoraba lentamente en las siguientes semanas y celebramos su cumpleaños 64 el 19 de marzo con varias familias de la iglesia, cantando himnos y dando gracias a Dios por el avance en su salud.

Casi un mes después, el domingo 22 de abril, celebramos la reunión dominical con una participación de mi papá antes de celebrar la Santa Cena en la que exhortaba a la iglesia a vivir en santidad a la luz de 1 Tesalonicenses 5. Mi mamá salió temprano del servicio porque necesitaba descansar. Justo al terminar la reunión, mi papá también se retiró sin despedirse de nadie, algo muy inusual en él. Cuando fui a ver a mis padres antes de irnos a casa, ya que vivían a un lado de la iglesia, vi a mi papá recostado sobre la mesa del desayunador con una expresión de dolor. Le pregunté si todo estaba bien y me contestó que solo era reflujo que había comenzado a tener la noche anterior. Habíamos estado en una fiesta de cumpleaños el día anterior, así que pensó que algo que pudo haber comido no le hizo bien. Yo noté que su queja y expresión eran más severas de lo normal por algún malestar, pero pensé que, en efecto, el reflujo podría ser el problema. Le dije que descansara y que nos veríamos en la reunión de la tarde de la iglesia. Subí a despedirme de mi mamá y regresamos a la casa para comer como familia. Unas dos horas más tarde, cuando estaba terminando de comer, recibí una llamada de mi mamá. Me dijo: «Nathan, ¿puedes venir? Tu papá no está respirando». Todavía recuerdo la ola de sentimientos y pensamientos al pensar en las posibilidades de lo que eso significaba. Mi esposa y yo subimos al auto y en camino a casa de mis papás llamé a la ambulancia. Recuerdo lo difícil que era hablar con el personal de emergencias para explicarles que aunque todavía no estaba allí, algo grave estaba sucediendo. Al llegar a la casa, subimos las escaleras para encontrar a mi papá sentado en un sillón de su recámara, ya frío y sin pulso. Cuando por fin llegó la ambulancia confirmaron que efectivamente mi papá había fallecido. El impacto de una noticia que no esperas es muy fuerte. Es el sentimiento de tratar de respirar cuando alguien te echa una cubeta de agua helada.

Los siguientes días transcurrieron con la responsabilidad de informar a la iglesia, familiares y amigos lo que había sucedido y organizar y planear un funeral. Es difícil lidiar con la responsabilidad de trámites legales y organización mientras procesas la tristeza de la muerte.

Como mis hermanas viven en Estados Unidos y vinieron para el funeral, decidimos que mi mamá se regresara con ellas para seguir su recuperación allá mientras nosotros lidiábamos con los trámites y con la transición que teníamos que hacer para mudarnos a casa de mis papás y poder cuidar a mi mamá. Solo había pasado una semana desde que se había ido mi mamá con mis hermanas y dos semanas desde el funeral de mi papá, cuando mi hermana me habló para decirme que no veía bien a mi mamá. Tomé el primer vuelo que pude a Charlotte y al estar esperando en el aeropuerto a que mi cuñado me recogiera, platiqué por última vez con mi mamá por teléfono. Pude decirle cuánto la amaba; para cuando llegamos a la casa de mi hermana y cuñado, ya había fallecido. Sus últimas horas las pasó cantando himnos conectada virtualmente con un grupo de hermanos que se reunieron en la iglesia en México para acompañarla en sus últimos momentos de vida.

Entre el 22 de abril y el 8 de mayo de 2018 viví los días más difíciles de mi vida hasta ahora. Pero como cristianos, ¿cómo enfrentamos el mal a la luz de lo que sabemos sobre Dios en la Biblia? Lo enfrentamos como una realidad que no tiene la última palabra. Lo enfrentamos como algo que Dios usa para hacernos más dependientes de Él y moldearnos de acuerdo con los mismos sufrimientos de Cristo. Todo esto para apuntarnos hacia algo mejor. Hacia algo que no se compara con lo temporal de las peores experiencias humanas: la comunión perfecta con Dios en Su gloria por toda la eternidad.

> Pues considero que los sufrimientos de este tiempo presente no son dignos de ser comparados con la gloria que nos ha de ser revelada. Porque el anhelo profundo de la creación es aguardar ansiosamente la revelación de los hijos de Dios. Porque la creación fue sometida a vanidad, no de su propia voluntad, sino por causa de Aquel que la sometió, en la esperanza de que la creación misma será también liberada de la esclavitud de la corrupción a la libertad de la gloria de los hijos de Dios.
> Romanos 8:18-21

Conclusión

Si tu vida ha estado llena de eventos que cuestionan la bondad de Dios, este libro ha sido escrito para ti. No como una respuesta exhaustiva a todas las preguntas posibles que podríamos tener cuando las situaciones que enfrentamos tienen un giro inesperado de tribulación y dolor, sino como un destello de esperanza de que Dios permite esas cosas para que nos volvamos a Él y tengamos un tesoro mejor y más duradero que todo lo que existe en este mundo temporal.

Creo que la mayoría de la humanidad que se queja contra Dios porque permite que sucedan cosas malas y que exista el mal, no se da cuenta en primer lugar de que si Dios terminara con el mal, terminaría también con ellos. Con todos nosotros.

Es solo Su abundante misericordia y paciencia que nos da otro día de vida. Te dio la oportunidad de leer este libro. La invitación es a abrazar la realidad del sacrificio de Jesús como un tesoro y como la esperanza más increíble que Dios nos da: el perdón de pecados, Su justicia perfecta y la gloria que nos espera en la era venidera.

No se trata de nosotros. Se trata de Dios y de Sus planes eternos. Tú y yo podemos ser restaurados del mal presente para disfrutar de la gloria de Dios por los siglos de los siglos.